READING JESUS LIGHT

2

리딩지저스 성경통독 라이트

2권 사사기-에스더

2026년 2월 20일 초판 2쇄 발행

펴낸곳 웨스트민스터프레스코리아
펴낸이 줄리어스 김
지은이 웨스트민스터프레스코리아 편집부

웨스트민스터프레스코리아

주소 서울시 강남구 테헤란로 33길 18, 628호
전화 02-2289-9081
이메일 readingjesus@wts.edu

ISBN 979-11-92860-11-4 04230

READING JESUS

리딩지저스 성경통독 라이트

그리스도 중심 성경읽기

2

사사기-에스더

LIGHT

WPK

서문

'성경을 처음부터 끝까지 읽는 것', 많은 그리스도인이 마음속에 품고 있는 소망이자 과제입니다. 많은 교회에서 새해가 시작될 때마다 성경읽기표를 나누고 "올해는 성경을 일독합시다"라는 목표를 세우지만 실제 완독률은 그리 높지 않습니다. 성경 통독은 단순한 결심이나 습관으로는 지속하기 어려운 여정이기 때문입니다. 바쁜 일상, 이해하기 어려운 본문, 흐름을 따라가기 힘든 구조 등 여러 이유로 성경 통독은 여전히 많은 이들에게 힘든 도전으로 남아 있습니다.

하지만《리딩지저스》출간 이후, 이 여정이 조금 달라졌습니다. 많은 교회와 성도들이 성경을 처음부터 끝까지 읽는 것이 가능할 뿐 아니라 교회 공동체가 함께할 때 더 큰 유익이 있음을 경험하고 있습니다. 그동안 어렵게만 느껴졌던 성경 일독이 가능해진 것입니다. 창세기부터 요한계시록까지 성경을 순서대로 따라가며, 하나님께서 성경을 주신 목적과 의미를 되새기고, 성경의 큰 그림 안에서 예수 그리스도를 바라보는 여정, 이것이 그리스도 중심 성경 읽기《리딩지저스》의 핵심입니다.

예수님은 말씀하셨습니다. "너희가 성경에서 영생을 얻는 줄 생각하고 성경을 연구하거니와 이 성경이 곧 내게 대하여 증언하는 것이니라"(요한복음 5:39). "모세를 믿었더라면 또 나를 믿었으리니 이는 그가 내게 대하여 기록하였음이니라"(요한복음 5:46). 또한 부활하신 후 엠마오로 가던 제자들에게, 모세와 선지자의 글 전체가 자신에 관한 것임을 자세히 설명하셨고(누가복음 24:27), 또 다른 제자들과 함께하셨을 때는 그들의 마음을 열어 모세의 율법과 선지자와 시편, 즉 구약 전체가 자신을 가리킨다는 사실을 깨닫게 하셨습니다(누가복음 24:44-45).

《리딩지저스》는 예수님께서 친히 가르쳐 주신 방식으로 성경을 읽도록 돕습니다. 구약성경의 중심 메시지가 예수 그리스도이심을 발견하고, 성경 전체에 흐르는 그분의 복음을 만나도록 안내합니다.

《리딩지저스 성경통독 라이트》는 《리딩지저스》보다 더 쉽고 실용적인 통독 워크북을 바라는 요청을 반영해 만들어졌습니다. 주차별 영상, 통독 분량에 맞춘 오디오 바이블, 따라가기 쉬운 성경 읽기 안내, 소모임 나눔을 위한 장까지, 누구든 《리딩지저스 성경통독 라이트》와 함께 부담 없이 성경 통독을 시작하고 끝까지 함께 갈 수 있도록 구성했습니다. 그래서 성경 통독을 처음 시작하거나, 공동체와 함께 처음 말씀을 읽어 가려는 이들을 위해 쉽고 실용적으로 구성했습니다. 그러나 그리스도 중심 설교를 준비하는 목회자나 교회의 중직자, 평신도 리더들이라면, 이번 책보다 더 심

화된 내용을 담고 있는《리딩지저스》를 함께 참고하시기를 권합니다. 성경 각 권에 담긴 복음의 메시지를 더 깊이 있게 다루며, 설교와 교육, 제자훈련 등의 실제 사역에 유익한 통찰을 제공합니다.

《리딩지저스 성경통독 라이트》와 함께 그리스도 중심으로 성경을 읽는다는 것은 단순한 지식이나 느낌을 넘어 예수님께 우리의 시선을 고정하는 경험입니다. 그분만이 우리 삶을 진정으로 변화시키신다는 복음의 능력을 날마다 새롭게 다시 입는 여정입니다. 그리고 이 여정은 혼자 걸을 때보다 교회가 함께할 때 더욱 풍성해집니다.《리딩지저스 성경통독 라이트》와 함께 주님의 말씀을 따라가는 이 길을 여러분이 같이 걸으면 좋겠습니다.

《리딩지저스》 소개

《리딩지저스》는 예수 그리스도 중심으로 성경 전체를 읽도록 안내하는 성경읽기 프로그램입니다. 미국 웨스트민스터 신학교의 성경신학 강의를 기반으로 독자적으로 개발된 이 프로그램은 교회와 성도들이 성경의 큰 흐름을 따라가며 바른 신학적 틀 안에서 복음을 발견하고 삶에 적용할 수 있도록 안내합니다. 다양한 자료들을 활용하여 온 교회가 함께 성경을 1년에 일독할 수 있도록 돕습니다.

성경을 처음부터 끝까지, 순서대로

《리딩지저스》는 창세기부터 요한계시록까지 성경 전체를 순서대로 읽도록 안내합니다. 복잡한 해설 없이 본문의 핵심을 간결하게 안내하며 매일 정해진 범위를 읽어 나가도록 구성되어 있습니다. 각 권마다 제공되는 성경 수업 일러스트 영상으로, 성경의 큰 흐름을 이해하고 신뢰할 수 있는 신학적 틀 안에서 말씀을 읽을 수 있도록 도와줍니다.

예수님 중심으로, 예배하는 마음으로

《리딩지저스》는 성경이 하나님의 감동으로 기록된 말씀이라는 신앙고백 위에 세워져 있습니다. 성경 전체를 통해 예수 그리스도의 복음을 발견하도록 인도하며, 그 복음의 능력은 우리를 하나님께 영광을 돌리도록 이끕니다. 이때 성경읽기는 단순한 독서가 아니라 하나님을 영화롭게 하는 예배가 됩니다. 말씀을 통해 예수님을 더 깊이 알고, 그분을 더욱 사랑하게 됩니다.

하루 30분, 보고 듣고 읽고

《리딩지저스》는 통독을 위한 다양한 자료를 제공합니다. 각 주의 성경 흐름을 정리한 영상뿐만 아니라, 본문 분량에 맞춘 오디오 성경을 함께 활용하면 하루 30분 안에 말씀을 보고, 듣고, 읽는 것이 가능해집니다. 모든 자료를 교재 안의 QR코드를 통해 쉽게 접근할 수 있어 누구나 부담 없이 시작할 수 있고, 꾸준히 지속할 수 있습니다.

온 교회를 위한 성경읽기

《리딩지저스》는 개인, 소모임, 전교인 공동체 모두가 사용할 수 있도록 구성되어 있습니다. 실제로 많은 교회에서 주일 설교와 연계한 전교인 성경 통독, 소그룹 양육, 제자훈련 교재로 활용하고 있으며, 말씀 중심의 교회를 세우는 데 유익한 도구로 사용하고 있습니다.

《리딩지저스》는 다음과 같이 여섯 권으로 나뉘어 있으며, 총 45주 안에 성경 전체를 일독할 수 있도록 구성되어 있습니다.

그리스도 중심으로 창세기부터 요한계시록까지

1권 창세기-여호수아(7주)

2권 사사기-에스더(8주)

3권 욥기-아가(7주)

4권 이사야-말라기(9주)

5권 마태복음-로마서(7주)

6권 고린도전서-요한계시록(7주)

《리딩지저스》는 성경 통독을 시작할 수 있도록 돕는 단순하지만 깊이 있는 도구입니다. 예수님과 동행하는 그리스도 중심 성경읽기를 제안합니다.

이 책의 활용법

1. 성경읽기를 한눈에

14쪽에 있는 **성경읽기 일정표**를 열어 보세요. 《리딩지저스 성경통독 라이트》 2권을 따라서 "사사기-에스더"를 8주간 통독하는 전체 과정을 볼 수 있습니다. 시작이 반이라는 말이 있죠. 여기서 마음을 다잡고 시작하는 거예요. 차근차근 따라가다 보면 45주간 창세기부터 요한계시록까지 1년에 일독하는 과정을 마칠 수 있습니다.

2. 영상으로 시작

각 장 맨 앞에는 **리딩지저스 영상**이 있습니다. 이번 주에 읽을 성경의 줄거리와 신학 주제를 알려 주고, 그리스도 중심이라는 큰 그림 안에서 성경을 이해하도록 돕습니다. 휴대폰으로 QR 코드를 찍으면 바로 영상으로 연결할 수 있어요.

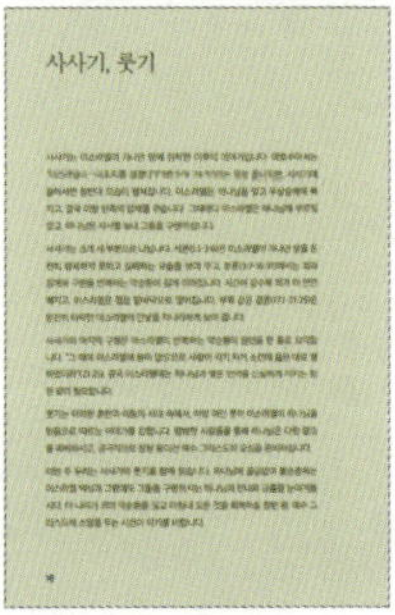

3. 이번 주 성경 개관

자 이제 시작입니다. 한 주간 읽을 성경의 **전체 구조와 흐름**을 한눈에 볼 수 있어요. 성경 내용이 다소 길게 느껴질 때도 여기서 준비운동만 잘하면 길을 잃지 않고 완주할 수 있어요.

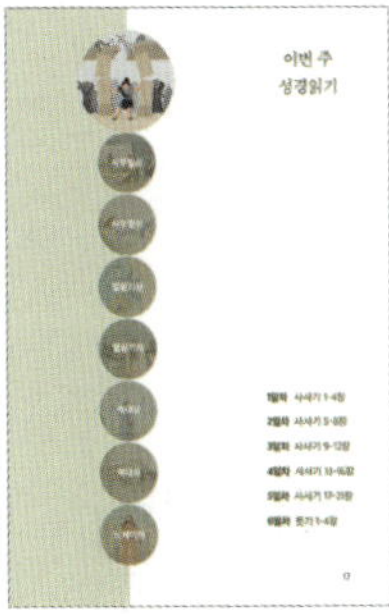

4. 통독 과정 확인

통독하다 보면 어디쯤 읽고 있는지, 얼마나 읽어야 하는지를 잊고 무작정 읽을 때가 많습니다. **이번 주 성경읽기**는 성경 전체 내용 중 어디쯤 읽고 있는지도 알려 주고, 이번 주에 통독할 구간이 어디인지도 자세히 알려 줍니다.

5. 하루에 한 쪽씩

① 통독 본문 읽기/듣기
오늘의 성경 본문을 읽습니다. QR 코드를 찍으면 오디오 바이블로 연결됩니다.

② 통독 본문 요약
오늘의 본문을 이해할 수 있도록 돕는 내용입니다. 먼저 읽고 통독하셔도 좋고, 통독한 다음에 정리하는 용도로 보셔도 좋습니다.

③ 묵상 노트
자신만의 묵상을 이곳에 적어봅니다. 기억에 남은 말씀이나 기도도 물론 괜찮습니다.

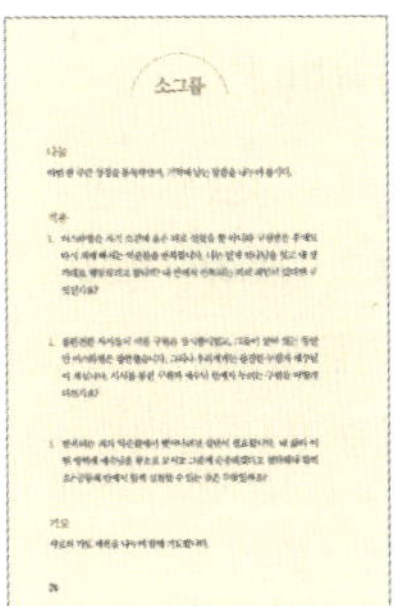

6. 함께 모여서 나눔

소그룹으로 모여서 한 주간 읽은 성경을 놓고 함께 이야기 나누면 더욱 좋습니다. 자신이 묵상한 내용이나 기억에 남았던 성경 구절을 꺼내 놓아도 괜찮고, 적용 질문에 답하며 서로를 응원하고 격려해도 좋습니다.

리딩지저스를 더 깊이 만나는 방법

리딩지저스 웹사이트 readingjesus.net

리딩지저스와 관련한 다양한 자료와 리딩지저스를 활용하는 교회들의 실제 사례를 확인하실 수 있습니다.

리딩지저스 유튜브 채널

리딩지저스 영상, 리딩지저스 오디오 바이블, 그 외 다양한 리딩지저스 활용 콘텐츠와 소식을 영상으로 만날 수 있습니다.

리딩지저스 컨퍼런스

그리스도 중심 성경읽기의 중요성을 확인하고 말씀으로 교회가 하나 되는 구체적인 사례와 방법론을 현장에서 생생하게 제시합니다.

리딩지저스 인도자 세미나

그리스도 중심 성경읽기의 중요성에 공감하여 리딩지저스를 각 교회에서 활용하기를 원하는 목회자들을 구체적이고 실제적인 방법으로 돕습니다.

목차

성경읽기 일정표 사사기-에스더

	교재	1일차	2일차	3일차	4일차	5일차	6일차
1주	사사기 룻기	삿 1-4	삿 5-8	삿 9-12	삿 13-16	삿 17-21	룻 1-4
2주	사무엘상	삼상 1-5	삼상 6-10	삼상 11-15	삼상 16-20	삼상 21-25	삼상 26-31
3주	사무엘하	삼하 1-4	삼하 5-8	삼하 9-12	삼하 13-16	삼하 17-20	삼하 21-24
4주	열왕기상	왕상 1-4	왕상 5-7	왕상 8-10	왕상 11-14	왕상 15-18	왕상 19-22
5주	열왕기하	왕하 1-4	왕하 5-8	왕하 9-12	왕하 13-16	왕하 17-20	왕하 21-25
6주	역대상	대상 1-5	대상 6-10	대상 11-15	대상 16-20	대상 21-25	대상 26-29
7주	역대하	대하 1-6	대하 7-12	대하 13-18	대하 19-24	대하 25-30	대하 31-36
8주	에스라 느헤미야 에스더	스 1-5	스 6-10	느 1-6	느 7-13	에 1-5	에 6-10

JUDGES/RUTH

사사기
룻기

QR 코드를 찍으면 '사사기' 리딩지저스 영상으로 바로 연결됩니다

사사기, 룻기

사사기는 이스라엘이 가나안 땅에 정착한 이후의 이야기입니다. 여호수아서는 "이스라엘이…여호와를 섬겼다"(여호수아 24:31)라는 말로 끝나지만, 사사기에 들어서면 정반대 모습이 펼쳐집니다. 이스라엘은 하나님을 잊고 우상숭배에 빠지고, 결국 이방 민족의 압제를 겪습니다. 그때마다 이스라엘은 하나님께 부르짖었고, 하나님은 사사를 보내 그들을 구원하십니다.

사사기는 크게 세 부분으로 나뉩니다. 서론(1:1-3:6)은 이스라엘이 가나안 땅을 온전히 정복하지 못하고 실패하는 모습을 보여 주고, 본론(3:7-16:31)에서는 죄와 징계와 구원을 반복하는 악순환이 길게 이어집니다. 시간이 갈수록 죄가 더 만연해지고, 이스라엘은 점점 밑바닥으로 떨어집니다. 부록 같은 결론(17:1-21:25)은 완전히 타락한 이스라엘의 민낯을 적나라하게 보여 줍니다.

사사기의 마지막 구절은 이스라엘이 반복하는 악순환의 원인을 한 줄로 요약합니다. "그 때에 이스라엘에 왕이 없으므로 사람이 각기 자기 소견에 옳은 대로 행하였더라"(21:25). 결국 이스라엘에는 하나님과 맺은 언약을 신실하게 지키는 참된 왕이 필요합니다.

룻기는 이러한 혼란과 어둠의 시대 속에서, 이방 여인 룻이 이스라엘의 하나님을 믿음으로 따르는 이야기를 전합니다. 평범한 사람들을 통해 하나님은 다윗 왕조를 예비하시고, 궁극적으로 참된 왕이신 예수 그리스도의 오심을 준비하십니다.

이번 주 우리는 사사기와 룻기를 함께 읽습니다. 하나님께 끊임없이 불순종하는 이스라엘 백성과 그럼에도 그들을 구원하시는 하나님의 인내와 긍휼을 눈여겨봅시다. 더 나아가 죄의 악순환을 끊고 마침내 모든 것을 회복하실 참된 왕, 예수 그리스도께 소망을 두는 시간이 되기를 바랍니다.

이번 주 성경읽기

1일차 사사기 1-4장

2일차 사사기 5-8장

3일차 사사기 9-12장

4일차 사사기 13-16장

5일차 사사기 17-21장

6일차 룻기 1-4장

1일차

사사기 1-4장

오디오 바이블

죄악과 구원의 반복

여호수아가 죽은 후, 이스라엘은 가나안 족속을 완전히 몰아내지 않은 채 이방 민족들과 함께 살기 시작합니다. 그러자 그들은 곧 하나님의 명령을 저버리고 이방 신을 섬기기 시작합니다. 하나님은 그들을 징계하시지만, 그들이 부르짖을 때마다 사사를 세워 구원해 주십니다. 첫 번째 사사인 옷니엘이 살아 있었던 40년 동안은 평화가 이어지지만, 그가 죽은 후 이스라엘은 다시 죄에 빠집니다. 하나님은 에훗을 통해 모압 왕 에글론의 압제를 끊으시고, 드보라와 바락을 세워 가나안 왕 야빈과 그의 군대 장관 시스라를 무너뜨리십니다. 하나님이 세우신 사사를 통해 잠시 구원이 주어지지만, 이스라엘은 반복해서 죄로 되돌아갑니다.

묵상 노트

2일차

사사기 5-8장

오디오 바이블

구원의 은혜, 불순종의 반복

가나안 왕 야빈의 군대 장관 시스라는 드보라의 예언대로 전쟁에서 패하고 한 여인에게 죽임을 당합니다. 하지만 승리도 잠시뿐, 이스라엘은 다시 하나님을 잊고 미디안과 아말렉의 침략에 시달립니다. 그때 하나님은 두려움과 불안으로 가득한 기드온을 부르십니다. 그는 매우 연약한 사람이었으나 하나님의 능력으로 이스라엘을 구원하는 도구가 됩니다. 하지만 전쟁 후 기드온의 모순된 행보는 이스라엘을 다시 우상숭배로 이끕니다. 그는 전리품으로 황금 에봇을 만들었고, 백성들은 그것을 음란하게 섬깁니다. 또한 왕처럼 행세하며 아들의 이름을 '내 아버지는 왕이다'라는 뜻을 가진 아비멜렉이라고 짓습니다. 하나님의 구원이 있었음에도, 이스라엘은 또다시 하나님을 떠나갑니다.

묵상 노트

3일차

사사기 9-12장

오디오 바이블

왕이 없던 시대의 비극

기드온이 죽은 후, 그의 아들 아비멜렉은 스스로 왕이 되려고 합니다. 권력을 쥐고자 형제 70명을 모두 죽이는데, 막내 요담만 살아남습니다. 이후 세겜 사람들과도 갈등이 생기고, 아비멜렉은 또다시 많은 사람을 죽입니다. 하지만 이어지는 전쟁에서 한 여인이 망대에서 던진 맷돌에 머리를 맞아 거의 죽게 됩니다. 그는 여인에게 죽었다는 수치를 피하려고 젊은 병사에게 자신을 찌르라고 하고 그렇게 생을 마감합니다. 이후 여러 사사가 등장하지만, 이스라엘은 점점 더 타락해 이방 신을 섬깁니다. 하나님은 이번에도 입다를 들어 이스라엘을 구원하십니다. 입다는 전쟁에서 이기려고 경솔한 맹세를 하고, 결국 자신의 외동딸을 죽이게 됩니다. 또한 에브라임 지파와의 갈등 중에 4만 2천 명을 죽이는 참상을 초래합니다. 입다 이후에는 입산, 엘론, 압돈 세 사사의 짧은 기록이 이어지며, 이스라엘의 악은 계속됩니다.

묵상 노트

4일차

사사기 13-16장

오디오 바이블

실패한 마지막 사사

사사기의 마지막 사사는 삼손입니다. 이스라엘은 40년간 블레셋의 억압을 받으면서도 여호와께 부르짖지 않습니다. 그럼에도 하나님은 자녀 없는 한 부부에게 아들을 약속하시고, 그를 나실인으로 구별해 부르십니다. 하지만 삼손은 거룩하게 구별된 나실인으로 살지 않았습니다. 하나님의 규례를 반복해서 어기고 자기 욕망을 따라 살아갑니다. 하나님이 주신 놀라운 힘도 이스라엘의 구원이 아니라 자신의 분노와 욕망을 채우는 데 사용합니다. 결국 그는 블레셋의 신전을 무너뜨리고 장렬한 죽음을 맞이하지만, 이스라엘은 여전히 참된 구원을 누리지 못합니다. 삼손의 생애는 한 사람의 실패만이 아니라, 하나님을 잊은 이스라엘 공동체의 어두운 현실을 보여 줍니다.

묵상 노트

5일차

사사기 17-21장

오디오 바이블

자기 소견에 옳은 대로 행하던 시대

사사기의 마지막 다섯 장은 충격적입니다. 이스라엘의 영적·도덕적 타락이 얼마나 깊은지를 적나라하게 보여 줍니다. 미가는 집 안에 우상을 만들고 지나가던 레위인을 자기 집 제사장으로 삼습니다. 단 지파는 그 우상과 제사장을 빼앗아 자신들의 제사장으로 세우고, 자신들을 위한 신상까지 세웁니다. 한 레위인의 첩이 죽임당한 사건은 이스라엘 지파 간의 내전으로 번집니다. 베냐민 지파는 거의 멸절될 위기에 처합니다. 이 모든 혼란을 성경은 한 문장으로 요약합니다. "그 때에 이스라엘에 왕이 없으므로 사람이 각기 자기 소견에 옳은 대로 행하였더라." 사사기의 어두운 결말은 역설적으로 간절한 소망을 품게 합니다. 참된 공의와 정의를 이루실 왕, 곧 하나님의 신실한 왕을 간절히 기다리게 만듭니다.

묵상 노트

6일차

룻기 1-4장

오디오 바이블

절망 끝에서 시작되는 왕의 계보

룻기는 사사기의 절망적인 시대 한가운데서 펼쳐지는 희망의 이야기입니다. 흉년과 죽음으로 시작되지만, 하나님의 섭리 속에서 회복과 생명으로 마무리됩니다. 이스라엘이 기다리던 왕은 뜻밖의 방식으로 준비됩니다. 하나님은 이방 여인 룻과 '기업 무를 자'의 책임을 다한 보아스를 통해 그 혈통을 태동시키십니다. 룻은 시어머니 나오미를 끝까지 따르며 베들레헴으로 돌아옵니다. 밭에서 이삭을 줍는 가운데 보아스를 만나고, 그들의 결혼을 통해 다윗 왕의 조상이 태어납니다. 각자 소견에 옳은 대로 행하던 어두운 시대였지만, 하나님은 평범한 사람들의 신실함을 통해 일하고 계셨습니다. 룻의 충성과 보아스의 의로움, 나오미의 믿음이 하나님의 섭리와 만나 새로운 역사를 만들어 냅니다. 사사기의 절망이 끝이 아니었습니다. 그 어둠 속에서도 하나님은 왕의 계보를 준비하고 계셨습니다.

묵상 노트

소그룹

나눔

이번 한 주간 성경을 통독하면서, 기억에 남는 말씀을 나누어 봅시다.

적용

1. 이스라엘은 자기 소견에 옳은 대로 살았을 뿐 아니라 구원받은 후에도 다시 죄에 빠지는 악순환을 반복합니다. 나는 언제 하나님을 잊고 내 생각대로 행동하려고 합니까? 내 안에서 반복되는 죄의 패턴이 있다면 무엇인가요?

2. 불완전한 사사들이 이룬 구원은 잠시뿐이었고, 그들이 살아 있는 동안만 이스라엘은 평안했습니다. 그러나 우리에게는 완전한 구원자 예수님이 계십니다. 사사를 통한 구원과 예수님 안에서 누리는 구원은 어떻게 다른가요?

3. 반복되는 죄의 악순환에서 벗어나려면 결단이 필요합니다. 내 삶의 어떤 영역에 예수님을 왕으로 모시고 그분께 순종하겠다고 결단해야 할까요? 공동체 안에서 함께 실천할 수 있는 것은 무엇일까요?

기도

서로의 기도 제목을 나누며 함께 기도합니다.

1 SAMUEL

사무엘상

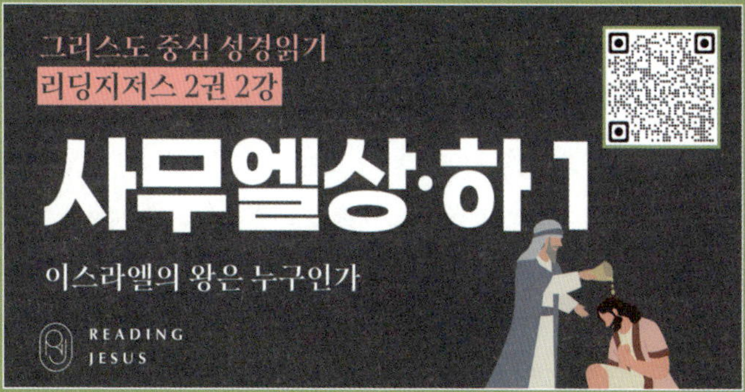

QR 코드를 찍으면 '사무엘상·하1' 리딩지저스 영상으로 바로 연결됩니다

사무엘상

사사시대의 끝자락, 하나님은 사무엘을 세우십니다. 그는 이스라엘의 마지막 사사로 본분을 다합니다. 하지만 이스라엘은 하나님의 직접 통치를 거부하고 왕을 요구합니다. 다른 민족들처럼 백성들을 다스리고, 전쟁에 나가 지휘하는 왕이 필요하다고 주장합니다. 하나님은 그들의 요청을 받아들여 왕을 허락합니다. 사무엘은 이스라엘 첫 왕의 머리에 기름을 붓습니다.

사무엘상은 사무엘이 기름 부은 두 왕인 사울과 다윗을 중심으로 전개됩니다. 크게 세 부분으로 나뉘는데, 사무엘 이야기(1-8장), 사울의 통치와 실패(9-15장), 사울과 다윗의 긴장과 대조(16-31장)로 이야기가 이어집니다. 사무엘상의 인물들 이야기를 따라가다 보면, 하나님이 외모를 보지 않고 마음의 중심을 보신다는 사실을 깊이 깨닫게 됩니다. 또한 이스라엘 왕은 이방 나라 왕들과 달리 하나님 말씀에 철저히 순종해야 한다는 점도 분명히 알게 됩니다.

이번 주 우리는 사무엘상을 함께 읽으며, 대조되는 인물을 여럿 만날 것입니다. 한나와 브닌나, 어린 사무엘과 엘리의 아들들, 다윗과 골리앗, 사울과 다윗까지, 이들을 통해 우리는 하나님이 사람을 낮추기도 하고 높이기도 하시는 분인 줄 알게 됩니다. 하나님은 그분 마음에 합하는 참된 사람을 세우는 분임을 이스라엘 역사를 통해 확인할 수 있습니다.

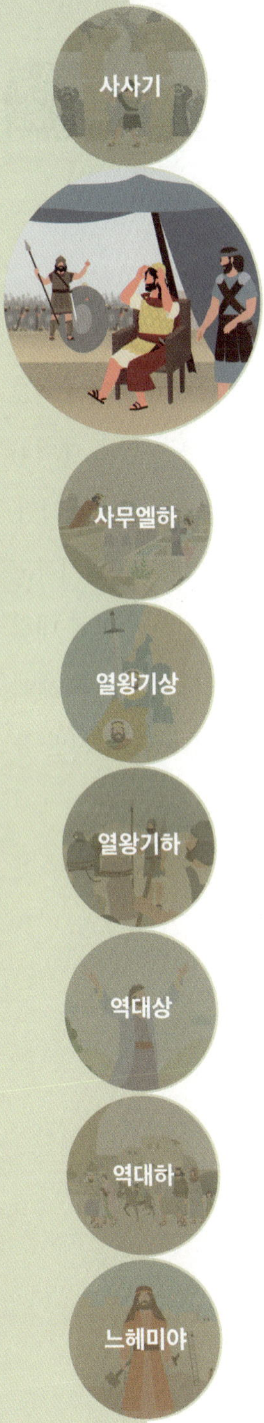

이번 주 성경읽기

1일차 사무엘상 1-5장

2일차 사무엘상 6-10장

3일차 사무엘상 11-15장

4일차 사무엘상 16-20장

5일차 사무엘상 21-25장

6일차 사무엘상 26-31장

1일차

사무엘상 1-5장

오디오 바이블

기도로 시작된 새로운 시대

사무엘상은 한나의 간절한 기도로 시작합니다. 자녀가 없어 괴로워하던 그녀의 기도를 하나님이 들으셨습니다. 사무엘이 태어나 여호와의 전에서 자라며 하나님과 사람들에게 은총을 받습니다. 반면, 제사장 엘리의 두 아들 홉니와 비느하스는 제사를 멸시하고 죄악을 일삼습니다. 하나님은 어린 사무엘에게 엘리 집안에 내릴 심판을 알리십니다. 이후 이스라엘은 하나님보다 언약궤 자체에 능력이 있다고 여겨서 전장에 언약궤를 들고 나갑니다. 하지만 블레셋에 참패하고 언약궤마저 빼앗깁니다. 하지만 하나님은 블레셋 땅에서도 주권을 드러내십니다. 블레셋의 신상은 쓰러지고, 그 땅에 재앙이 임합니다.

묵상 노트

2일차

사무엘상 6-10장

오디오 바이블

이스라엘 첫 왕의 등장

블레셋은 하나님의 심판을 견디지 못하고 언약궤를 이스라엘로 돌려보냅니다. 이스라엘 백성은 사무엘의 인도로 미스바에 모여 하나님께 회개하며 기도합니다. 하나님은 그들의 회개에 응답하시고 블레셋을 물리쳐 주십니다. 시간이 흐르자 이스라엘 백성은 사무엘에게 왕을 세워 달라고 요청합니다. 하나님은 베냐민 지파의 사울을 이스라엘의 초대 왕으로 택하시고, 사무엘은 그에게 기름을 붓습니다. 사울은 키가 크고 용모가 뛰어났습니다. 이렇게 이스라엘은 왕정 시대를 맞이합니다. 하지만 왕이 있고 없고가 문제가 아니었습니다. 핵심은 따로 있었습니다. 왕과 백성이 하나님 말씀에 순종하며 사는가, 여기에 모든 것이 달려 있었습니다.

묵상 노트

3일차

사무엘상 11-15장

오디오 바이블

첫 번째 왕을 버리다

사무엘이 온 백성을 모아 놓고 하나님이 사울을 왕으로 세우셨다고 선포합니다. 동시에 하나님을 경외하고 그의 명령을 따르라고 당부하며, 악을 행하면 백성과 왕이 다 멸망할 것이라고 경고합니다. 사울의 출발은 좋았습니다. 암몬의 공격을 막아내며 백성들의 신뢰를 얻습니다. 하지만 점차 하나님 말씀보다 자신의 판단을 앞세우기 시작합니다. 그는 전쟁 중에 사무엘을 기다리지 않고 스스로 제사를 드립니다. 아말렉과의 전투에서는 전멸하라는 하나님의 명령을 어깁니다. 적의 왕을 살려 주고 전리품까지 남기는 불순종을 저지릅니다. 결국 사무엘은 사울이 하나님의 말씀을 버렸기에 하나님도 사울을 버리셨다고 선언합니다. 이제 분명해졌습니다. 이스라엘에게는 하나님의 말씀을 따르는 왕이 필요했습니다.

묵상 노트

4일차

사무엘상 16-20장

오디오 바이블

중심을 보시고 다윗을 택하다

하나님은 사울을 대신할 새로운 왕을 찾으셨습니다. 사무엘을 베들레헴 이새의 집으로 보내 막내 다윗에게 기름을 부으라고 하십니다. 다윗은 형들과 비교하면 보잘것없었으나, 하나님은 그의 중심을 보셨습니다. 한편, 블레셋이 다시 쳐들어와 장수 골리앗이 이스라엘을 조롱하며 싸움을 걸어왔습니다. 이스라엘 왕인 사울이 나서지 않자, 다윗이 물맷돌을 들고 하나님의 이름으로 나아가 골리앗을 쓰러뜨립니다. 이 일로 다윗은 전쟁 영웅이 되고 사울의 사위 자리에 앉습니다. 하지만 사울은 백성의 이목을 사로잡은 다윗을 시기해 죽이려고 합니다. 반면, 사울의 아들 요나단은 다윗과 깊은 우정을 맺고 그를 돕습니다. 결국 다윗은 사울을 피해 도망자의 삶을 시작합니다.

묵상 노트

5일차

사무엘상 21-25장

오디오 바이블

광야에서 드러나는 성품

하나님께 기름 부음을 받았지만, 다윗의 고난은 계속됩니다. 사울의 질투로 도망자가 된 다윗은 놉의 제사장 아히멜렉에게서 양식을 얻습니다. 급기야 블레셋의 가드 왕 아기스에게로 피신합니다. 사울은 다윗을 도운 놉의 제사장들을 학살하며 그를 끈질기게 뒤쫓습니다. 그러나 다윗은 도망 다니는 중에도 이스라엘을 위해 계속 싸웁니다. 한편, 엔게디 동굴에서 다윗은 사울을 죽일 기회를 맞습니다. 하지만 하나님이 기름 부으신 자라며 해치지 않습니다. 마온에서는 무례한 부자 나발에게 분노하지만, 아비가일의 중재로 피 흘리기를 멈추고 판단과 보응을 하나님께 맡깁니다. 하나님을 중심에 두는 다윗의 태도는 두려움에 사로잡혀 불순종하는 사울과 뚜렷한 대조를 보입니다.

묵상 노트

6일차

사무엘상 26-31장

오디오 바이블

끝까지 순종하는 자와 끝내 불순종하는 자

다윗에게 또다시 사울을 죽일 기회가 찾아오지만, 이번에도 해치지 않습니다. 한편, 사울은 블레셋과의 전쟁을 앞두고 하나님의 뜻을 구하나 아무 응답도 받지 못합니다. 그러자 하나님이 금지한 신접한 여인을 찾아가는 죄를 범합니다. 다윗은 예전에 자기를 따르던 사람들과 함께 머물던 시글락에 돌아옵니다. 그곳은 아말렉의 습격으로 폐허가 되어 있었습니다. 다윗은 하나님께 여쭙고 그분의 인도하심을 따라 아말렉을 쳐서 모든 것을 되찾습니다. 사울은 세 아들과 함께 블레셋과의 전쟁에 나서지만, 패하여 비참한 최후를 맞습니다. 이렇게 하나님과 단절된 사울 왕조는 비극으로 막을 내립니다.

묵상 노트

소그룹

나눔

이번 한 주간 성경을 통독하면서, 기억에 남는 말씀을 나누어 봅시다.

적용

1. 이스라엘은 언약궤 자체에 능력이 있다고 오해해서 언약궤를 전쟁터로 가지고 나갑니다. 혹시 내게도 하나님보다 종교적 형식이나 외적 행위에 의지하는 모습이 있지 않은지 돌아봅시다.

2. 다윗이 골리앗을 물리쳐서 얻은 승리가 이스라엘 전체의 승리가 되었습니다. 이처럼 예수님이 십자가 죽음과 부활로 얻은 승리는 우리의 승리입니다. 예수님의 승리가 현재 내가 직면하고 있는 어려움과 도전에 어떤 소망과 확신을 주나요?

3. 다윗은 사울을 해칠 기회가 있었으나 보복하지 않고 하나님 손에 맡깁니다. 지금 나에게 하나님의 주권을 신뢰하며 주님께 판단을 맡기고 기다려야 할 영역이 있다면 무엇인가요?

기도

서로의 기도 제목을 나누며 함께 기도합니다.

2 SAMUEL

사무엘하

QR 코드를 찍으면 '사무엘상·하2' 리딩지저스 영상으로 바로 연결됩니다

사무엘하

사무엘하는 사울이 죽고 다윗이 유다의 왕으로 등극하여, 마침내 온 이스라엘 백성을 다스리는 이야기입니다. 사무엘하는 크게 두 부분으로 나뉩니다. 전반부(1-10장)는 다윗의 왕위가 굳건해지고 나라가 안정되는 과정을 보여 주고, 후반부(11-24장)는 다윗의 죄로 인한 위기와 그럼에도 하나님이 베푸시는 회복을 담고 있습니다. 그 중심에는 하나님과 다윗이 맺은 언약, 곧 그의 후손으로 영원한 왕국을 세우겠다는 약속이 있습니다.

이번 주 우리는 사무엘하를 함께 읽습니다. 다윗이 위대한 왕이었으나 완전한 왕은 아니었음을 속속들이 알게 됩니다. 다윗의 많은 실수와 범죄는 그보다 더 나은 왕, 이스라엘의 완전한 왕으로 오실 분을 바라보게 합니다. 예수 그리스도는 육신의 정욕에 사로잡히고 권력을 남용했던 다윗과는 전혀 다른 길을 걸으십니다. 그는 왕이시지만 오히려 자기 백성을 위해 생명을 내어주고 십자가에서 죽기까지 자신을 낮추십니다.

이번 주 성경읽기

1일차 사무엘하 1-4장

2일차 사무엘하 5-8장

3일차 사무엘하 9-12장

4일차 사무엘하 13-16장

5일차 사무엘하 17-20장

6일차 사무엘하 21-24장

1일차

사무엘하 1-4장

오디오 바이블

왕이 되는 길, 악을 악으로 갚지 않는다

다윗은 사울과 요나단의 전사 소식을 듣고는 옷을 찢고 슬피 애도합니다. 유다 지파가 다윗을 헤브론에서 왕으로 세우지만, 나머지 지파는 사울의 아들 이스보셋을 따르면서 분열과 대립이 시작됩니다. 내전이 이어지던 중에 이스보셋의 장군 아브넬이 다윗에게 협력하려고 합니다. 하지만 다윗의 장군 요압은 동생의 복수를 이유로 다윗 몰래 아브넬을 죽입니다. 다윗은 아브넬의 죽음을 슬퍼하며 요압의 행동을 꾸짖습니다. 얼마 후 이스보셋은 암살을 당하고, 다윗은 암살범들을 처형합니다. 다윗 왕조는 혼란과 갈등 속에서 출발하면서도 악을 악으로 갚지 않는 길을 택합니다.

묵상 노트

2일차

사무엘하 5-8장

오디오 바이블

다윗을 왕으로, 예루살렘을 중심으로

사울 왕가가 무너진 후, 모든 지파가 다윗을 이스라엘의 왕으로 세웁니다. 다윗은 여부스 사람들을 물리치고 예루살렘을 정복해 수도로 삼습니다. 예루살렘은 '다윗 성'이라 불리며 이스라엘의 중심지가 됩니다. 다윗은 하나님의 궤를 예루살렘으로 옮기고, 온 백성과 함께 기쁨으로 예배합니다. 그는 여호와 앞에서 춤추며 기뻐하지만, 아내 미갈은 그런 모습을 비웃습니다. 하나님이 주신 평안 속에서 다윗은 하나님을 위한 집, 성전을 짓고 싶어 합니다. 하나님은 그 일은 다윗 후손을 통해 이루겠다고 하시며, 오히려 그분 자신이 다윗의 집과 왕위를 영원히 세우겠다고 약속하십니다. 이후 다윗은 여러 민족을 물리치며 나라를 넓힙니다.

묵상 노트

3일차

사무엘하 9-12장

오디오 바이블

승리 후에 찾아온 시험

다윗은 요나단과의 언약을 잊지 않습니다. 요나단의 아들 므비보셋을 궁으로 데려와 극진히 대접합니다. 한편, 다윗은 암몬과의 전쟁에서 승리를 이어 갑니다. 그런데 전쟁 중에 예루살렘에 머물던 다윗은 목욕하는 밧세바를 보고 그녀를 범합니다. 자신의 죄를 덮기 위해 밧세바의 남편 우리아를 전쟁터에서 죽게 한 뒤 밧세바를 아내로 맞이합니다. 하나님은 다윗의 집안에 재앙이 닥칠 것이라고 선언하십니다. 결국 다윗의 죄로 인해 가정과 나라 전체가 고통을 당합니다. 이 일로 선지자 나단이 다윗을 책망하고, 다윗은 깊이 회개합니다. 그러나 하나님은 그 죄를 심판하기 위해 아이의 생명을 거두십니다. 이후 다윗과 밧세바 사이에서 솔로몬이 태어납니다.

묵상 노트

4일차

사무엘하 13-16장

오디오 바이블

무너진 집안, 흔들리는 왕국

다윗 가정의 혼란은 점점 심해집니다. 다윗의 아들 암논이 이복누이 다말을 욕보이고, 분노한 압살롬이 암논을 죽인 뒤 도망칩니다. 요압의 중재로 압살롬이 예루살렘으로 돌아오지만, 다윗과의 관계는 회복되지 않습니다. 외모가 준수하고 매력적이었던 압살롬은 사람들 마음을 얻기 위해 직접 재판을 하며 인기를 얻습니다. 그리고 마침내 반란을 일으킵니다. 다윗은 신하들과 함께 또다시 도망자의 길에 오릅니다. 그 와중에 다윗은 시므이에게 모욕을 당하나, 하나님이 그 모든 일을 허락하셨음을 알고 보복하지 않습니다. 한편, 다윗의 모사였던 아히도벨이 압살롬 편에 서고, 다윗은 후새를 궁에 보내 아히도벨의 계략을 막으려고 합니다.

묵상 노트

5일차

사무엘하 17-20장

오디오 바이블

주권은 여전히 하나님께

아히도벨은 압살롬에게 다윗을 야간에 기습하자고 제안합니다. 반면 후새는 시간을 끄는 전략을 제시합니다. 하나님은 압살롬이 후새의 말을 따르게 해서 다윗을 지키십니다(17:14). 결국 압살롬의 군대는 패하고, 요압은 다윗의 명령을 따르지 않고 압살롬을 직접 죽입니다. 다윗은 아들의 죽음을 깊이 슬퍼하지만, 요압의 조언 대로 왕으로 다시 일어나 예루살렘으로 돌아옵니다. 그 직후 불량배 세바가 다윗에게 반기를 들더니 이스라엘 지파들을 선동해 또다시 반란을 일으킵니다. 요압은 반란을 진압하는 과정에서 아마사를 잔인하게 죽이고 군 지휘권을 장악합니다. 혼란과 갈등이 끊이지 않는 가운데서도 인간의 계략이 아니라 하나님의 뜻이 이루어졌습니다. 하나님이 주권적으로 이스라엘 역사를 붙들고 주관하셨습니다.

묵상 노트

6일차

사무엘하 21-24장

오디오 바이블

속죄의 자리, 성전 터가 되다

사무엘하 마지막 장들은 다윗 통치 말기의 주요 장면을 담고 있습니다. 다윗은 하나님께 감사의 노래를 드리며 오직 하나님만이 자신의 구원임을 고백합니다. 마지막 남기는 말에서는 하나님과의 언약을 떠올리고, 그와 함께했던 전쟁 영웅들을 소개합니다. 하지만 맨 끝에서는 인구 조사를 시행한 다윗의 죄로 인해 하나님의 진노가 임합니다. 다윗이 회개하자 하나님은 예루살렘을 향한 심판을 멈추시고, 아라우나의 타작 마당에서 제사를 드리라고 하십니다. 하나님은 그 제사를 받으시고 재앙을 거두십니다. 그후 타작 마당은 속죄의 은혜를 상징하는 장소가 됩니다. 이 타작 마당 자리에 훗날 성전이 세워집니다.

묵상 노트

소그룹

나눔

이번 한 주간 성경을 통독하면서, 기억에 남는 말씀을 나누어 봅시다.

적용

1. 하나님은 나단 선지자를 통해 다윗의 죄를 드러내셨고, 다윗은 그 책망 앞에서 겸손히 회개했습니다(시편 51편). 하나님께서 말씀을 통해 나의 죄를 조명하실 때, 나는 어떻게 반응하나요?

2. 다윗은 완전하지 않았고, 그의 죄는 백성을 죽음으로 밀어 넣었습니다. 그러나 다윗의 후손으로 오신 예수님은 죄 없이 온전한 순종으로 우리에게 영원한 생명을 주셨습니다. 완전하신 왕 예수님이 지금 나를 돌보고 계신다는 사실이 내 삶에는 어떤 의미로 다가오나요?

3. 아라우나의 타작 마당에서 다윗이 드린 제사를 통해 하나님의 재앙이 멈췄습니다. 예수님의 십자가는 나를 향한 하나님의 진노를 멈추게 하신 완전한 제사였습니다. 나는 이 속죄의 은혜를 어떻게 받아들이고 있으며, 또 어떻게 반응하고 있나요?

기도

서로의 기도 제목을 나누며 함께 기도합니다.

1 KINGS

열왕기상

그리스도 중심 성경읽기

리딩지저스 2권 4강

열왕기상·하

번영에서 패망으로

READING JESUS

QR 코드를 찍으면 '열왕기상·하' 리딩지저스 영상으로 바로 연결됩니다

열왕기상

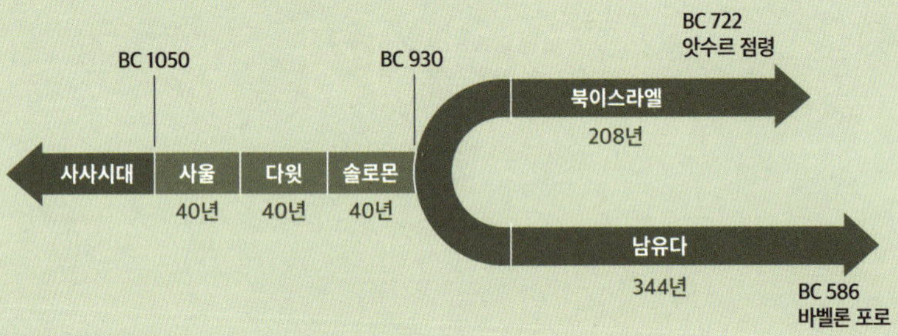

열왕기상은 다윗의 죽음과 솔로몬의 즉위로 시작해 이스라엘이 북이스라엘과 남유다로 분열되는 역사를 담고 있습니다. 왕들은 정치적 업적이 아니라 하나님의 말씀에 얼마나 순종했는지로 평가받습니다.

전반부(1-11장)는 솔로몬이 성전을 건축하고 하나님이 주신 지혜로 번영을 누리지만, 결국 우상숭배로 무너지는 과정을 보여 줍니다. 후반부(12-22장)는 나라가 분열된 후 등장하는 여러 왕과 선지자 엘리야의 사역을 중심으로 전개됩니다. 특히 엘리야 이야기는 하나님만이 자연과 역사를 주관하시는 참된 주권자이시며, 그분의 말씀은 반드시 이루어진다는 사실을 반복해서 증명합니다.

이번 주는 열왕기상을 함께 읽습니다. 공의로 악을 심판하시고, 긍휼로 연약한 자를 품으시며, 말씀으로 역사를 이끄시는 하나님의 위대하심을 함께 묵상하겠습니다.

이번 주 성경읽기

1일차 열왕기상 1-4장

2일차 열왕기상 5-7장

3일차 열왕기상 8-10장

4일차 열왕기상 11-14장

5일차 열왕기상 15-18장

6일차 열왕기상 19-22장

1일차

열왕기상 1-4장

오디오 바이블

하나님의 지혜로 열리는 번영의 시대

다윗이 늙고 병약해지자 넷째 아들 아도니야가 스스로 왕이 되겠다고 나섭니다. 그러나 다윗은 나단과 밧세바의 조언을 받아 솔로몬을 왕으로 세웁니다. 솔로몬은 왕권을 안정시키고 하나님께 일천 번제를 드리며 지혜를 구합니다. 하나님은 그의 기도가 마음에 들어서 지혜뿐 아니라 부귀와 장수도 약속하십니다. 이후 솔로몬은 두 여성의 재판을 지혜롭게 해결하며 명성을 얻고, 나라를 탄탄히 조직하여 평화와 번영의 시대를 열어 갑니다.

묵상 노트

2일차

열왕기상 5-7장

오디오 바이블

성전과 왕궁

솔로몬은 아버지 다윗이 이루지 못한 성전 건축에 돌입합니다. 두로 왕 히람과 협력해 자재와 기술자를 확보하고, 성전 건축을 진행합니다. 성전은 성막보다 두 배나 크고, 백향목과 금으로 장식되어 매우 화려했습니다. 하지만 성전의 참된 가치는 하나님의 임재와 백성의 순종에 있었습니다(6:12-13). 한편 솔로몬은 자신의 왕궁도 건축하는데, 성전을 7년 동안 지었던 데 반해 왕궁은 13년에 걸쳐 짓습니다. 규모도 왕궁이 성전보다 훨씬 컸습니다. 이러한 모습은 이스라엘의 왕이 하나님 앞에 엎드리는 대신에 하나님의 성전을 자기 통제 아래 두려는 문제가 이미 솔로몬 때부터 시작되었음을 보여 줍니다. 성전 건축이 마무리되자, 다윗이 준비한 모든 성물을 성전에 들이며 대공사가 완성됩니다.

묵상 노트

3일차

열왕기상 8-10장

오디오 바이블

성전 봉헌과 솔로몬 시대의 정점

솔로몬은 성전과 왕궁 건축을 마친 후 언약궤를 성전으로 옮기고 성대한 봉헌식을 엽니다. 솔로몬은 성전에서 이스라엘뿐 아니라 이방인들까지도 하나님께 기도하고 응답받게 해 달라고 간구합니다. 하나님은 그의 기도를 들으시고, 성전에 자신의 이름을 두겠다고 약속하십니다. 동시에 이스라엘이 하나님을 떠나 우상을 숭배하는 죄악을 저지르면, 심판이 임할 것이라는 경고도 남기십니다. 이후 솔로몬은 양곡 저장 성읍과 병거 주둔 성읍을 세우며 나라를 부강하게 만듭니다. 그의 지혜는 스바 여왕을 비롯해 여러 나라에서 예물을 들고 찾아올 만큼 명성이 자자해집니다. 이 시기에 솔로몬의 통치는 가장 영광스러운 순간을 맞이합니다.

묵상 노트

4일차

열왕기상 11-14장

오디오 바이블

우상의 유혹, 분열의 그림자

솔로몬은 많은 이방인 아내를 두었는데, 그로 인해 하나님에게서 마음이 멀어지고 우상을 섬기게 됩니다. 하나님의 경고에도 불구하고 솔로몬은 끝내 돌이키지 않습니다. 결국 하나님은 이스라엘 왕국이 그의 아들 때에 나뉜다고 선언하시고, 선지자 아히야를 통해 여로보암에게 북쪽 열 지파를 맡기겠다고 예고하십니다. 솔로몬이 죽은 후, 그의 아들 르호보암은 백성의 요구를 무시하고 강압적으로 다스리다가 열 지파의 반발을 삽니다. 열 지파는 여로보암을 북왕국의 왕으로 세웁니다. 여로보암은 백성들이 예루살렘 성전에 제사를 드리러 갔다가 옛 주인에게로 돌아설까 두려워서 벧엘과 단에 각각 금송아지 상을 만들어 세웁니다. 거기에 새로운 제사장을 세우고 어긋난 제사를 드리기 시작합니다. 그는 하나님의 경고에도 돌이키지 않았고, 결국 그의 집안에 심판이 임합니다.

묵상 노트

5일차

열왕기상 15-18장

오디오 바이블

언약에서 멀어진 왕들, 부르짖는 선지자

북이스라엘과 남유다로 분열된 이스라엘은 점점 하나님의 언약에서 멀어집니다. 특히 북이스라엘에 하나님을 떠난 왕들이 연이어 등장했는데, 그중에서도 아합 왕은 이세벨과 함께 바알을 섬기며 극심한 악행을 저지릅니다. 이에 하나님은 엘리야에게 가뭄을 선포하게 하십니다. 하나님은 엘리야를 시돈 땅 사르밧으로 보내서 한 과부의 마지막 밀가루와 기름으로 생명을 이어 가게 하십니다. 이후 과부의 아들을 다시 살리는 기적도 일어납니다. 엘리야는 갈멜산에서 바알 선지자 450명과 대결하여 하나님만이 참 신이심을 드러냅니다. 엘리야의 기도로 오랜 가뭄을 끝내는 비가 쏟아집니다. 이 모든 사건은 하나님이 어두운 시대에도 선지자를 통해 말씀하시며, 하나님의 뜻을 반드시 이루신다는 진리를 보여 줍니다.

묵상 노트

6일차

열왕기상 19-22장

오디오 바이블

하나님 말씀은 반드시 이루어진다

갈멜산 사건 이후 엘리야는 이세벨의 위협을 피해 도망 다니며 낙심합니다. 하지만 하나님은 천사를 보내 그를 먹이고 말씀으로 위로하시며, 엘리사를 후계자로 부르게 하십니다. 한편, 아합 왕은 하나님의 도우심으로 아람을 물리쳤으나 하나님 명령을 무시하고 적의 왕을 놓아줍니다. 이후 아합과 이세벨은 평범한 농부 나봇의 포도원을 빼앗으려고 거짓 증언으로 그를 죽이고 결국 땅을 차지합니다. 하나님은 엘리야를 보내 그 악행을 경고하고 심판을 선언하십니다. 결국 아합은 전쟁 중 날아든 화살에 맞아 죽습니다. 엘리야 이야기는 하나님이 자연과 역사를 다스리시며, 그분의 말씀은 반드시 이루어진다는 사실을 보여 줍니다.

묵상 노트

소그룹

나눔

이번 한 주간 성경을 통독하면서, 기억에 남는 말씀을 나누어 봅시다.

적용

1. 솔로몬은 기도 응답으로 최고의 지혜와 부를 받지만, 우상숭배에 빠집니다. 나 역시 하나님의 응답을 받은 후, 하나님을 멀리하거나 불순종했던 적은 없나요? 그 이유는 무엇이었고, 지금 어떻게 다시 하나님께 나아가고 있나요?

2. 엘리야는 갈멜산의 큰 승리 후에도 이세벨과 아합의 위협에 낙심해 도망 다닙니다. 하나님은 그런 엘리야를 책망하지 않으십니다. 오히려 먹이고 회복시켜서 다시 사명을 주십니다. 여기서 하나님의 어떤 성품을 알 수 있나요? 그리고 그 성품이 내게는 어떤 위로가 되나요?

3. 이스라엘이 죄악을 반복해도 하나님은 선지자를 통해 말씀하시고 일하십니다. 지금은 선지자보다 크신 예수님께서 우리 가운데서 말씀하시고 일하십니다. 내가 이스라엘과 달리 그분의 음성을 듣고 돌이킨다면, 내 일상에서 어떤 부분이 달라져야 할까요?

기도

서로의 기도 제목을 나누며 함께 기도합니다.

2 KINGS

열왕기하

그리스도 중심 성경읽기

리딩지저스 2권 4강

열왕기상·하

번영에서 패망으로

READING JESUS

QR 코드를 찍으면 '열왕기상·하' 리딩지저스 영상으로 바로 연결됩니다

열왕기하

열왕기하는 엘리야의 승천과 엘리사의 사역으로 시작됩니다. 이어서 북이스라엘과 남유다의 여러 왕이 등장하고, 두 나라는 점점 하나님의 언약에서 멀어집니다. 하나님은 계속해서 선지자들을 통해 말씀하시지만, 왕과 백성들은 끝내 돌이키지 않습니다. 결국 북이스라엘은 앗수르에, 남유다는 바벨론에 멸망당합니다.

열왕기하는 크게 세 부분으로 나뉘는데, 엘리야의 승천과 엘리사의 사역(1-8장), 북이스라엘의 멸망(9-17장), 남유다의 개혁과 멸망(18-25장)으로 전개됩니다.

모든 왕이 실패하는 중에도 하나님은 다윗과 맺으신 언약을 잊지 않으십니다. 열왕기하 마지막 장면은 바벨론에 포로로 잡혀간 여호야긴이 왕의 식탁에 앉아 있는 모습으로 끝이 납니다. 아직 다윗 왕조가 완전히 꺼지지 않았다는 소망의 불씨를 보여 주며 비극은 막을 내립니다.

이번 주 우리는 열왕기하를 함께 읽습니다. 하나님 백성이 실패하며 점점 내리막길을 걷는 중에도 하나님은 그들과의 언약을 깨지 않으시고 소망을 잃지 않도록 붙드십니다. 그 신실하심을 함께 바라보며 열왕기하 말씀을 깊이 묵상하겠습니다.

이번 주 성경읽기

1일차 열왕기하 1-4장

2일차 열왕기하 5-8장

3일차 열왕기하 9-12장

4일차 열왕기하 13-16장

5일차 열왕기하 17-20장

6일차 열왕기하 21-25장

1일차

열왕기하 1-4장

오디오 바이블

하늘로 올려진 엘리야, 말씀의 길을 잇는 엘리사

아합의 아들 아하시야는 병이 들자 에그론의 신 바알세붑에게 자신의 병이 나을지 물어보려고 합니다. 하나님은 이를 꾸짖고 엘리야를 통해 그의 죽음을 선언하십니다. 이후 엘리야는 하늘로 올라가고, 엘리사는 그의 뒤를 이어 하나님의 사역을 시작합니다. 엘리사의 사역 중 여리고와 벧엘에서 일어난 사건은 선지자를 대하는 태도, 곧 하나님의 말씀을 대하는 태도에 따라 복이나 저주가 임한다는 사실을 상징적으로 보여 줍니다. 엘리사는 메마른 골짜기에 물이 흐르게 하고, 한 과부의 기름이 끊이지 않게 하며, 적은 음식으로 많은 사람을 먹이는 기적도 행합니다. 그의 사역은 어두운 시대 속에서도 하나님의 은혜와 역사가 계속되고 있음을 보여 줍니다.

묵상 노트

2일차

열왕기하 5-8장

오디오 바이블

이방인에게도 임하는 하나님의 은혜

하나님은 언약 백성이 정체성을 잃어 가는 상황에서도 이방인과 약자를 통해 구원과 회복의 역사를 계속 이루어 가십니다. 나병에 걸린 아람의 군대 장관 나아만은 엘리사의 말에 순종해 요단강에 몸을 일곱 번 씻고 깨끗이 낫습니다. 하지만 엘리사의 종 게하시는 거짓말로 선물을 받았다가 나병이 옮는 벌을 받습니다. 이어지는 엘리사의 사역에서도 하나님의 능력은 계속 나타납니다. 엘리사는 도끼를 물에 떠오르게 하고, 아람 군대를 혼란에 빠뜨리는 기적을 행합니다. 또한 7년 기근과 하사엘이 아람의 왕이 될 것을 미리 예언하고, 기근으로 고통받던 사마리아가 하나님의 기적으로 구원받을 것이라고 선포합니다. 이 모든 사건은 하나님의 말씀은 반드시 이루어진다는 사실을 선명하게 보여 줍니다.

묵상 노트

3일차

열왕기하 9-12장

오디오 바이블

왕이 하나님을 따를 때와 외면할 때

하나님은 엘리사의 제자를 통해 예후에게 기름을 부으시고, 그를 북이스라엘의 왕으로 세우십니다. 예후는 하나님의 말씀대로 아합 왕조를 심판하고 바알 숭배자들도 철저히 숙청합니다. 그러나 그는 금송아지 우상을 없애지 않아 온전한 순종에 이르지 못하고, 그 결과 그의 후손은 4대까지만 왕위를 이어받게 됩니다. 남유다에서는 아달랴의 폭정 속에서 요아스가 극적으로 살아남아 왕위에 오르고, 제사장 여호야다와 함께 개혁을 이끕니다. 요아스는 언약을 회복하고 성전도 보수합니다. 그러나 여호야다가 죽은 후 요아스는 우상숭배로 돌아서고, 끝내 신하들 손에 죽임을 당합니다. 왕이 하나님을 따를 때와 외면할 때 나라가 어떻게 달라지는지를 극명하게 보여 줍니다.

묵상 노트

4일차

열왕기하 13-16장

오디오 바이블

남북 왕국 모두 어둠에 잠기고

여호아하스가 악을 행하자, 북이스라엘은 아람의 침략으로 큰 고통을 겪습니다. 하나님은 그들을 긍휼히 여기셔서 구원자를 보내시지만, 이스라엘은 다시 악한 길로 돌아갑니다. 하나님의 말씀을 전하던 엘리사도 죽고, 영적 어두움은 더욱 깊어집니다. 남유다의 아마샤가 처음에는 하나님의 뜻을 따르려 했으나, 산당을 제거하지 못하고 북이스라엘과의 전쟁에서 패합니다. 북이스라엘은 여로보암 2세 이후 쿠데타와 암살이 반복되는 혼란의 시기로 접어듭니다. 남유다의 아사랴(웃시야)와 요담은 부분적으로 정직한 왕이었으나, 산당을 그대로 두어 온전한 개혁을 이루지 못합니다. 남유다의 영적 상태가 적나라하게 드러난 때는 아하스 왕 시기입니다. 그는 하나님을 의지하지 않고 오히려 앗수르의 도움을 구했으며, 예루살렘 성전의 구조마저 앗수르식으로 바꾸고 하나님의 제사를 왜곡하는 죄를 저지릅니다.

묵상 노트

5일차

열왕기하 17-20장

오디오 바이블

멸망으로 접어드는 두 왕국

하나님을 떠난 북이스라엘은 결국 앗수르에 멸망당합니다. 북이스라엘은 하나님의 경고를 무시한 채 우상숭배, 자녀를 불에 태우는 인신 제사, 점술과 주술 같은 이방의 가증한 풍습을 따르며 하나님을 버립니다. 결국 하나님의 진노를 피하지 못하고 호세아 왕 때 멸망합니다. 반면 남유다는 히스기야 왕의 믿음과 개혁으로 잠시 구원의 은혜를 경험합니다. 앗수르의 위협 앞에서 히스기야는 하나님께 간절히 기도했고, 하나님은 선지자 이사야를 통해 응답하시고 구원을 베푸십니다. 이후 히스기야가 바벨론 사신 앞에서 교만을 드러내자, 하나님은 남유다 역시 멸망할 것이라고 선언하십니다.

묵상 노트

6일차

열왕기하 21-25장

오디오 바이블

인간 왕조의 실패, 언약을 기억하는 하나님

유다 왕 므낫세는 우상숭배와 인신 제사 등 여러 악을 행하며 성전을 더럽혔고 결국 하나님의 진노를 자초합니다. 그의 아들 아몬도 같은 길을 걷다가 신하들 손에 암살당합니다. 요시야가 대대적인 개혁을 시도하지만, 그의 죽음 이후 유다는 급격하게 무너집니다. 바벨론은 예루살렘을 함락하여 성전과 왕궁을 파괴하고 백성을 포로로 끌고 갑니다. 그런데 포로지에서 여호야긴이 바벨론 왕의 은혜를 입어 왕의 식탁에 함께하는 마지막 장면이 펼쳐집니다. 하나님은 다윗과 맺은 언약을 절대 잊지 않고 기억하고 계셨습니다. 열왕기서는 모든 왕의 한계와 실패를 보여 주며 오직 하나님만이 참된 왕이심을 분명히 합니다. 그리고 자연스럽게 장차 왕으로 오실 메시아를 소망하게 합니다.

묵상 노트

소그룹

나눔

이번 한 주간 성경을 통독하면서, 기억에 남는 말씀을 나누어 봅시다.

적용

1. 이스라엘과 유다의 왕들은 정치적 업적이 아니라 하나님의 말씀에 충실한지로 평가받습니다. 나는 지금 무엇으로 내 삶을 평가하고 있나요?

2. 엘리사의 사역은 기적과 긍휼로 가득합니다. 특히 이방인과 약자를 세심하게 돌보시는 하나님의 모습을 강조해서 보여 줍니다. 최근 나와 우리 공동체를 향한 하나님의 돌보심과 일하심을 경험한 적 있나요?

3. 열왕기하의 마지막은 포로로 잡혀간 여호야긴이 바벨론 왕의 식탁에 오르는 장면으로 끝납니다. 하나님의 심판으로 다 무너진 것 같아도, 하나님은 다윗과 맺은 언약을 잊지 않으시고 신실하게 지키십니다. 모든 것이 무너진 것처럼 느껴질 때 나는 무엇을 붙들어야 할까요?

기도

서로의 기도 제목을 나누며 함께 기도합니다.

1 CHRONICLES

역대상

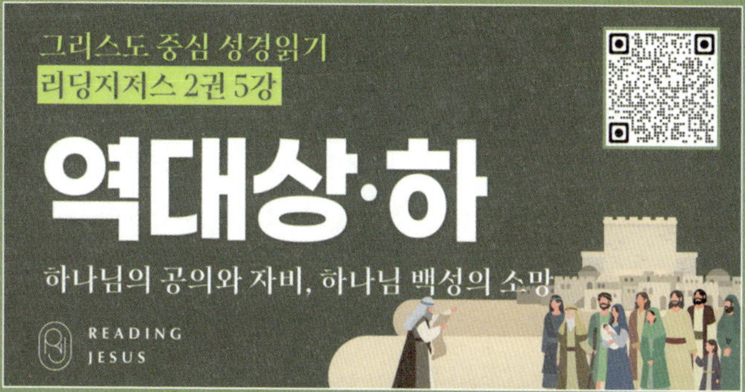

QR 코드를 찍으면 '역대상·하' 리딩지저스 영상으로 바로 연결됩니다

역대상

역대상하는 사무엘서와 열왕기상하의 역사 기록을 바탕으로 하되, 포로에서 돌아온 이스라엘 백성들에게 하나님의 언약을 다시 한번 일깨워 주기 위해 쓴 책입니다. 하나님이 이스라엘과 함께하신 역사를 재정리하면서, 과거의 실패보다는 하나님의 신실하심과 회복 가능성에 초점을 맞춰 백성들에게 새로운 출발의 방향을 제시합니다.

역대상은 아담부터 시작하는 방대한 족보(1-9장)로 문을 엽니다. 이 족보는 이스라엘이 어떤 정체성을 가진 민족인지를 명확히 보여 줍니다. 바벨론에서 힘겹게 돌아온 회복 공동체는 이 족보를 통해 자신들이 여전히 하나님께서 택하신 백성임을 확인합니다. 10장에서 사울의 죽음을 간략히 언급하고, 곧바로 11-29장에 걸쳐 다윗의 통치와 성전 준비 과정을 집중적으로 다룹니다. 다윗의 실패나 약점보다는 그의 믿음과 순종을 부각하고, 하나님이 친히 다윗에게 성전 건축의 모든 세부 계획을 맡기셨음을 강조합니다.

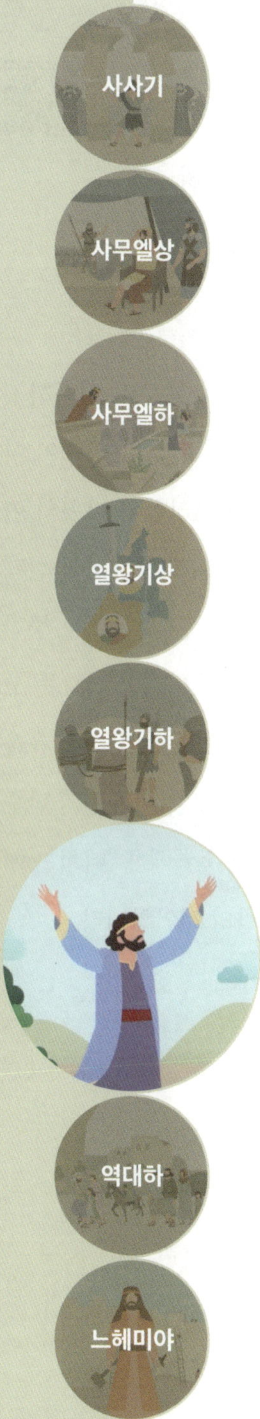

이번 주 성경읽기

1일차 역대상 1-5장

2일차 역대상 6-10장

3일차 역대상 11-15장

4일차 역대상 16-20장

5일차 역대상 21-25장

6일차 역대상 26-29장

1일차

역대상 1-5장

오디오 바이블

언약의 족보, 회복을 소망하는 선언

역대상 1-5장은 아담에서 시작해 다윗 왕조와 포로기 이후까지 이어지는 방대한 족보입니다. 이는 이스라엘이 단순한 민족이 아니라 하나님의 언약 백성임을 보여 줍니다. 아브라함과 다윗의 이름을 중심으로 족보가 정리되어 있으며, 이를 통해 하나님의 선택과 언약의 흐름이 어떻게 이어졌는지를 알 수 있습니다. 족보 중간에 등장하는 야베스의 기도는 매우 인상적입니다. 그의 기도는 고통스러운 현실 속에서도 하나님의 복을 구하고 기대할 수 있음을 보여 주는 짧지만 강한 메시지입니다. 이 긴 족보는 이름들의 단순한 나열이 아니라, 바벨론에서 돌아온 회복 공동체에게 "너희는 여전히 하나님의 백성이다"라고 선포하는 소망의 선언입니다.

묵상 노트

2일차

역대상 6-10장

오디오 바이블

예배 공동체의 뿌리와 사울의 몰락

역대상 6-9장은 레위 지파와 아론 자손의 족보를 중심으로 예배 공동체의 뿌리를 보여 줍니다. 이어서 다른 지파들의 족보가 이어지며, 특히 베냐민 지파 족보에서 사울 왕의 가계를 언급합니다. 또한 포로기 이후 예루살렘에 돌아온 백성들 명단과 함께 제사장, 레위인, 문지기들이 다시 제자리를 찾아가는 모습을 기록합니다. 이는 오랫동안 무너졌던 성전 중심 예배와 공동체 질서를 회복해 가는 과정을 보여 줍니다. 10장에서는 이스라엘의 첫 왕 사울의 최후를 간략히 언급하여, 곧 이어질 다윗 왕조의 찬란한 시작을 대비해서 부각합니다.

묵상 노트

3일차

역대상 11-15장

오디오 바이블

하나님의 임재를 기뻐하는 왕

역대상 11-15장은 다윗이 왕이 되어 하나님 중심의 나라를 세워 가는 과정을 보여 줍니다. 다윗은 예루살렘을 정복하고, 하나님과 충성스러운 용사들의 도움으로 나라를 안정시킵니다. 그는 무엇보다 하나님의 임재를 상징하는 언약궤를 예루살렘으로 옮기려 합니다. 처음에는 규례대로 하지 않아 웃사가 죽는 사건이 일어납니다. 이 일로 깨달음을 얻은 다윗은 레위인들을 준비시켜 규례에 따라 언약궤를 옮깁니다. 온 백성이 함께 기뻐하며 찬양하는 가운데 언약궤가 예루살렘으로 들어오고, 다윗도 기뻐하고 춤추며 하나님께 감사를 드립니다. 이 장면은 하나님을 왕으로 모시는 참된 공동체의 모습을 보여 주며, 바벨론 포로에서 돌아온 이스라엘 백성에게 하나님의 임재가 회복되기를 바라는 간절한 소망을 심어 줍니다.

묵상 노트

4일차

역대상 16-20장

오디오 바이블

하나님을 왕으로 모시는 공동체의 복

다윗은 언약궤를 예루살렘으로 옮기고, 레위인들에게 예배를 맡겨 날마다 하나님을 찬양하고 제사를 드리게 합니다. 그는 성전을 짓고 싶어 했지만, 하나님은 그 일은 그의 아들이 하게 될 것이며, 대신 다윗의 왕위를 영원히 견고히 하겠다고 약속하십니다. 다윗은 이 놀라운 언약 앞에서 겸손히 기도합니다. 이후 그는 블레셋, 아람, 암몬 등 주변 강국들과의 전쟁에서 승리를 거두고, 전리품을 하나님께 바치며 정의와 공의로 나라를 다스립니다. 하나님은 다윗과 늘 함께하시며, 그가 어디로 가든지 승리를 안겨 주십니다. 이 모든 이야기는 하나님을 왕으로 모시는 공동체가 어떤 복을 누릴 수 있는지를 보여 줍니다.

묵상 노트

5일차

역대상 21-25장

오디오 바이블

심판에서 회복으로, 예배를 준비하다

다윗의 인구 조사는 하나님 앞에 큰 죄가 됩니다. 선지자 갓을 통해 세 가지 벌 중 하나를 선택하라는 말씀을 듣고, 다윗은 하나님의 긍휼에 심판을 맡깁니다. 전염병이 온 나라에 퍼지지만, 이내 하나님은 예루살렘을 향한 심판을 멈추십니다. 다윗은 오르난의 타작 마당에 제단을 쌓고 하나님께 제사를 드립니다. 그곳은 훗날 예루살렘 성전 터가 됩니다. 이후 다윗은 성전 건축을 위해 자재를 준비하고, 제사장, 레위인, 찬양대, 문지기 등 예배를 위한 모든 직분을 질서 있게 세웁니다. 다윗의 통치는 하나님을 중심에 둔 공동체의 모범을 보여 줍니다. 귀환 공동체에게 이 이야기는 무너진 신앙과 예배를 어떻게 회복할 수 있는지를 보여 주는 강력한 메시지가 됩니다.

묵상 노트

6일차

역대상 26-29장

오디오 바이블

다음 세대를 위한 신앙의 유산

역대상 마지막 장들은 다윗이 왕권을 정리하며 성전 건축의 사명을 솔로몬에게 물려주는 내용으로 마무리됩니다. 다윗은 하나님께 받은 설계대로 성전 준비를 마치고, 백성들과 함께 자원하여 헌물을 드립니다. 모두가 기쁨으로 하나님의 집을 위해 헌신하는 모습은, 하나님 중심의 공동체가 어떤 모습이어야 하는지를 잘 보여 줍니다. 다윗은 솔로몬이 하나님의 뜻에 따라 왕이 되었음을 밝히며, 온 백성이 그의 뒤를 따르도록 권면합니다. 이 장면은 포로에서 돌아온 이스라엘에게, 무너진 신앙과 공동체를 어떻게 다시 세워야 하는지 분명한 방향을 제시해 줍니다.

묵상 노트

소그룹

나눔

이번 한 주간 성경을 통독하면서, 기억에 남는 말씀을 나누어 봅시다.

적용

1. 야베스라는 이름은 '고통'이라는 뜻이었지만, 그의 삶은 이름과 달랐습니다. 그는 하나님께 간절히 부르짖으며 복과 보호를 구했고, 하나님은 그 기도를 들어주셨습니다. 내 삶의 어떤 고통을 복으로 바꿔 달라고 하나님께 기도할 수 있을까요?

2. 다윗과 솔로몬의 성전 중심 사역은 하나님의 임재를 바라는 백성들의 갈망을 보여 줍니다. 솔로몬 성전에 임한 영광과 임재와는 비교할 수 없을 정도로 큰 영광과 임재로 지금 예수님이 내 안에 함께 계십니다. 이 사실은 하나님 앞에서 우리가 어떤 존재임을 알려 주나요?

3. 다윗은 성전을 직접 짓지 못했지만, 온 마음을 다해 성전 건축을 준비합니다. 내 삶에서 이루지 못할 일에 실망하기보다, 설령 내가 완성하지 못한다 해도 하나님을 사랑하는 마음으로 지금 충실히 준비할 수 있는 일이 있다면 무엇인가요?

기도

서로의 기도 제목을 나누며 함께 기도합니다.

2 CHRONICLES

역대하

QR 코드를 찍으면 '역대상·하' 리딩지저스 영상으로 바로 연결됩니다

역대하

역대하는 솔로몬이 성전을 건축하고 봉헌하는 장면으로 시작해, 남유다가 바벨론에 멸망당해 백성들이 포로로 끌려가는 이야기로 끝납니다. 북이스라엘의 역사는 다루지 않고, 오직 남유다의 왕들, 특히 성전과 율법을 중심으로 개혁을 시도한 히스기야와 요시야의 이야기에 집중합니다.

역대하는 세 부분으로 나뉩니다. 1-9장에서는 솔로몬의 통치와 성전 건축과 봉헌을 다루고, 10-36장 초반까지는 남유다 왕들의 통치, 개혁과 실패의 역사가 이어지며, 마지막 36장 후반부에서는 바벨론 포로와 고레스의 귀환 조서로 마무리됩니다. 특히 마지막 장면에 고레스 왕이 포로인 유다 백성에게 귀환을 허락하는 조서가 나오는데, 이는 단순한 정치적 결정이 아니라 하나님의 언약 성취로서 깊은 신학적 의미를 담고 있습니다.

그리고 이번 주 영상은 역대하 본문의 세부 내용을 따라가기보다는, 역대하의 실제 독자였던 유배 이후 공동체의 역사적·신학적 배경을 폭넓게 조망합니다. 포로 이후 유배기는 어린이 성경에서는 자주 생략되지만, 구약성경 전체를 이해하는 데 없어서는 안 될 핵심적인 시기입니다. 신앙의 모든 틀이 완전히 무너져 버린 유배기의 고통스러운 현실 속에서, 하나님은 과연 어떤 믿음을 백성에게 요구하셨을까요?

이번 주 역대하를 통독하면서 예루살렘으로 돌아온 이스라엘 공동체의 시선으로 이스라엘의 역사를 다시 살펴보겠습니다. 그리고 하나님께서 그들에게 역사를 다시 들려주시면서 전하고자 하신 교훈과 소망이 무엇인지 함께 살펴보겠습니다.

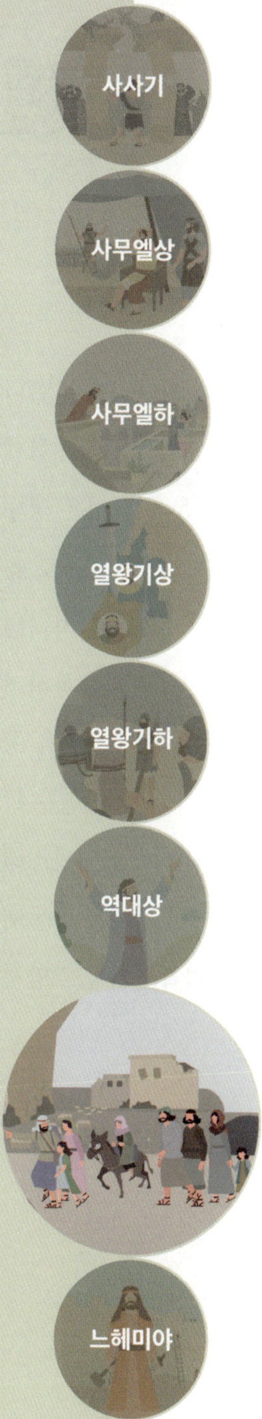

이번 주 성경읽기

1일차 역대하 1-6장

2일차 역대하 7-12장

3일차 역대하 13-18장

4일차 역대하 19-24장

5일차 역대하 25-30장

6일차 역대하 31-36장

1일차

역대하 1-6장

오디오 바이블

하나님의 영광이 충만한 성전

솔로몬은 왕위에 오른 후, 백성을 다스릴 지혜를 하나님께 구합니다. 하나님은 이를 기뻐하시며, 지혜뿐 아니라 부와 영광도 함께 약속하십니다. 성전은 순조롭게 완공되고, 솔로몬과 백성은 성대한 봉헌식을 거행합니다. 언약궤가 기쁨과 찬양 속에 지성소로 옮겨지고, 제사장들과 찬양대가 하나님께 경배하는 가운데, 하나님의 영광이 성전에 충만하게 임합니다. 솔로몬은 백성을 축복하며 하나님께 기도를 올립니다. 그는 이스라엘 백성들이 이 성전을 향해 기도하면 하나님께서 응답해 줄 것을 간구합니다. 이 장면은 하나님의 임재와 기쁨으로 가득한, 이스라엘 역사상 가장 영광스러운 순간입니다. 또한 이 이야기는 바벨론 포로에서 돌아온 공동체로 하여금 이와 같은 예배와 하나님의 임재가 회복되기를 소망하게 만듭니다.

묵상 노트

2일차

역대하 7-12장

오디오 바이블

언약의 길과 분열의 현실

하나님은 솔로몬에게 다윗과의 언약을 재확인하시며, 언약에 순종할 때 따르는 복과 불순종할 때 임하는 징계를 분명히 알려 주십니다. 솔로몬은 지혜와 부귀의 절정을 누렸지만, 그의 아들 르호보암 때에 나라는 결국 남유다와 북이스라엘로 갈라집니다. 르호보암은 선지자의 말을 따라 남유다를 정비합니다. 북이스라엘의 신실한 자들이 남쪽으로 이주해 예배 중심의 공동체를 형성하지만, 통치가 안정되자 르호보암은 말씀을 저버리고, 그 결과 애굽의 침략을 겪게 됩니다. 회개 후 당장의 위기는 피하지만 남유다는 애굽의 속국처럼 약화됩니다. 이 이야기는 포로기 이후 독자들에게 이스라엘의 진정한 번영은 정치가 아니라 하나님과의 언약, 예배, 순종에 달려 있음을 일깨워 줍니다.

묵상 노트

3일차

역대하 13-18장

오디오 바이블

말씀을 따를 때 평안이 임한다

남유다 왕들은 때로는 하나님을 의지하며 승리를 경험하고, 때로는 사람을 의지하다 실패를 겪습니다. 아비야와 아사는 하나님을 의지하여 승리와 평안을 누렸고, 여호사밧은 말씀 중심의 통치로 나라를 견고히 세웠습니다. 그러나 이후 아사와 여호사밧 모두 하나님보다 사람을 의지하고 선지자들의 경고를 무시하는 죄를 범합니다. 역대기는 이 모든 이야기를 통해 하나님의 말씀을 따를 때만 진정한 평안과 승리가 주어진다는 진리를 전합니다. 포로에서 돌아온 독자들에게는, 하나님이 얼마나 말씀에 신실하신 분인지 강조하며, 무너진 공동체가 다시 하나님의 말씀 위에 세워져야 한다는 교훈을 줍니다.

묵상 노트

4일차

역대하 19-24장

오디오 바이블

회복의 길과 배반의 끝

여호사밧은 아합과의 동맹으로 선지자의 책망을 듣고 회개한 뒤, 유다 전역에 재판관을 세우며 경건한 통치를 이어 갑니다. 모압과 암몬 연합군이 공격하자 그는 금식하며 하나님께 간절히 부르짖었고 하나님은 승리를 주십니다. 그러나 그의 아들 여호람은 형제들을 죽이고 아합과 이세벨의 딸인 아달랴와 결혼하여 우상을 섬기다 병으로 죽고, 뒤를 이은 아하시야도 악을 행하다 전쟁 중에 죽습니다. 아달랴가 다윗 왕가를 끊으려 하지만, 제사장 여호야다가 요아스를 왕으로 세우고, 함께 개혁을 이루고 예배를 회복합니다. 그러나 여호야다가 죽자 요아스는 하나님을 떠나고, 여호야다의 아들을 죽이는 죄까지 범합니다. 결국 요아스는 신하들에게 죽임을 당합니다. 이러한 이야기는 순종에는 회복이, 불순종에는 심판이 따른다는 분명한 메시지를 전합니다.

묵상 노트

5일차

역대하 25-30장

오디오 바이블

무너진 예배, 회복된 유월절

유다 왕들이 때로는 하나님께 신실했지만, 반복해서 우상숭배에 빠져 나라를 혼란에 빠뜨립니다. 아마샤는 처음에는 율법대로 행했지만, 교만과 우상숭배로 인해 전쟁에서 패하고 비참한 최후를 맞습니다. 웃시야는 번영했지만 제사장 직무를 침범하다 나병에 걸려 고립됩니다. 요담은 정직했지만 백성은 돌이키지 않았고, 아하스는 자식을 제물로 바치고 성전까지 훼손하며 하나님을 완전히 버립니다. 그러나 히스기야는 즉위하자마자 성전을 정결하게 하고 예배와 유월절을 회복합니다.

묵상 노트

6일차

역대하 31-36장

오디오 바이블

멸망을 넘어서는 회복의 약속

히스기야와 요시야 같은 왕들은 성전과 예배를 중심으로 신앙을 회복하며 하나님의 구원을 경험했습니다. 그러나 많은 왕은 선지자의 말씀도 듣지 않고, 교만과 불순종으로 나라를 멸망으로 이끌었고, 백성도 점점 더 깊이 타락합니다. 결국 바벨론 왕 느부갓네살이 예루살렘을 세 차례에 걸쳐 공격하고, 성전을 불타고 백성은 포로로 끌려갑니다. 그러나 역대하의 마지막은 멸망으로 끝나지 않습니다. 하나님은 백성을 완전히 버리지 않으십니다. 역대하 마지막 구절에서 바사 왕 고레스가 하나님의 감동을 받아 포로된 유다 백성에게 귀환을 명하고 성전 재건을 허락합니다. 포로기 이후의 독자들은 나라가 멸망한 원인이 죄 때문임을 깨닫게 되고, 그러나 하나님께서 그 와중에도 여전히 언약을 기억하시고 회복을 주관하신다는 것을 바라보게 됩니다.

묵상 노트

소그룹

나눔

이번 한 주간 성경을 통독하면서, 기억에 남는 말씀을 나누어 봅시다.

적용

1. 포로에서 돌아온 이스라엘 공동체는 역대기를 통해 이스라엘 역사를 되돌아보며 멸망의 원인이 죄였음을 깨닫고, 하나님께서 언약에 신실하셔서 회복이 시작되었음을 보게 됩니다. 나와 공동체의 실패에도 불구하고 다시 일으켜 세우시는 하나님의 은혜를 경험한 적이 있나요?

2. 수많은 실패와 멸망의 역사 속에서도 하나님의 언약은 끊어지지 않았습니다. 예수님을 통해 성취된 새 언약도 우리의 죄와 실패에 묶이지 않습니다. 이 복음의 은혜를 기억할 때, 나는 어떤 두려움과 불안에서 자유해지나요?

3. 역대하는 고레스의 칙령으로 포로들이 귀환하는 이야기로 마무리됩니다. 하나님께서는 완전히 무너진 자리에서도 회복을 이루실 수 있다는 것을 나는 신뢰하고 있나요? 오늘 내가 기대할 수 있는 회복은 무엇인가요?

기도

서로의 기도 제목을 나누며 함께 기도합니다.

EZRA/NEHEMIAH/ESTHER

에스라
느헤미야
에스더

QR 코드를 찍으면 '에스라·느헤미야·에스더' 리딩지저스 영상으로 바로 연결됩니다

에스라, 느헤미야, 에스더

● **에스라, 느헤미야, 에스더 시대**

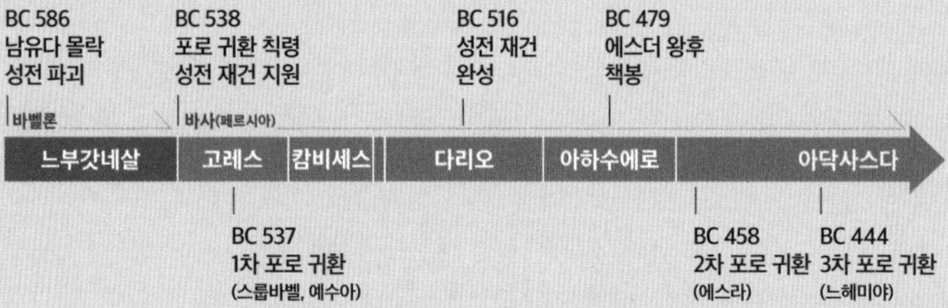

포로기 이후 시대, 즉 에스라, 느헤미야, 에스더가 활동한 이 시기는 하나님 백성이 이방 땅이나 현실적인 어려움 속에서 어떻게 믿음을 지키며 살아가야 하는지를 생생하게 보여 줍니다. 에스더서는 여전히 바사 왕국에 남아 있던 유대인들의 절박한 생존기를, 에스라서와 느헤미야서는 예루살렘으로 돌아온 백성들이 성전과 성벽을 다시 세워 가는 험난한 과정을 그립니다. 이 세 인물은 각기 다른 자리에서 다른 방식으로 신앙의 정체성을 지켜내고자 낯선 땅과 험한 현실 가운데서 고군분투했습니다.

하지만 에스라와 느헤미야의 이야기는 아직 끝나지 않은 미완의 이야기처럼 느껴집니다. 성전을 재건하고 성벽을 다시 세웠지만, 선지자들이 그토록 간절히 바랐던 온전한 회복은 여전히 이루어지지 않았습니다. 백성들은 계속해서 언약에 온전히 순종하지 못했고, 정치적인 안정과 공동체의 재건도 불완전했습니다. 그래서 이 이야기는 자연스럽게 우리로 하여금 '앞으로 완성될 회복'을 기대하게 하며, 그 궁극적인 성취를 이루실 분, 예수 그리스도를 바라보게 합니다.

이번 주 에스라, 느헤미야, 에스더를 통독하면서, 각기 다른 자리에서 하나님께 쓰임받은 이들의 삶을 살펴보겠습니다. 그리고 그들의 이야기를 통해 예수 그리스도 안에서 완성될 참된 회복과 소망을 함께 묵상하겠습니다.

이번 주 성경읽기

1일차 에스라 1-5장

2일차 에스라 6-10장

3일차 느헤미야 1-6장

4일차 느헤미야 7-13장

5일차 에스더 1-5장

6일차 에스더 6-10장

1일차

에스라 1-5장

오디오 바이블

약속을 기억하신 하나님과 성전의 재건

바사 왕 고레스는 하나님의 감동을 받아, 유다 백성의 귀환과 성전 재건을 허락하고, 성전 기물도 돌려보냅니다. 이는 수백 년 전 선지자들을 통해 예언되었던 하나님의 약속이 성취되는 놀라운 사건이었습니다. 스룹바벨과 예수아를 중심으로 약 5만 명이 귀환하며, 제사장, 레위인, 노래하는 자 등 성전 섬김을 위한 자들도 함께 돌아옵니다. 백성은 먼저 제단을 세우고 절기 제사를 회복합니다. 성전의 기초를 놓으며 찬양과 기쁨이 넘치지만, 이전 성전을 기억하는 자들은 눈물을 흘립니다. 주변 민족들의 방해로 인해 공사가 중단되지만, 이후 선지자 학개와 스가랴의 격려로 스룹바벨과 예수아가 성전 공사를 다시 시작합니다.

묵상 노트

2일차

에스라 6-10장

오디오 바이블

말씀의 공동체, 다시 언약 백성으로

성전 재건을 막았던 방해는 다리오 왕의 조서로 무산되고, 마침내 성전이 완공됩니다. 백성은 유월절을 지키며 하나님의 은혜를 기뻐합니다. 이후 아닥사스다 왕의 명을 받은 학사 에스라가 예루살렘에 도착해, 말씀 중심의 공동체를 세워 가기 시작합니다. 에스라는 백성 안에 남아 있던 이방 민족과의 통혼 문제를 발견하고 깊이 애통하며 회개를 촉구합니다. 백성은 그의 권면에 응답하여 통혼 문제를 정리하고, 하나님의 언약 백성으로서의 정체성을 다시 세우려 합니다.

묵상 노트

3일차

느헤미야 1-6장

오디오 바이블

성벽의 재건, 다시 세워진 정체성

예루살렘 성벽이 무너진 채 방치되었다는 소식을 들은 느헤미야는 바사 왕궁에서 하나님께 금식하며 간절히 기도합니다. 하나님은 그의 기도에 응답하시고, 아닥사스다 왕의 허락과 도움을 받아 느헤미야는 예루살렘으로 향합니다. 그는 백성을 독려해 성벽 재건을 시작하고, 온 유다가 함께 힘을 모읍니다. 수많은 방해와 조롱, 내부의 갈등도 있었지만, 느헤미야는 흔들리지 않고 기도와 지혜로 상황을 이끌어 갑니다. 마침내, 예루살렘의 성벽은 단 52일 만에 완공되고, 회복의 기반이 세워집니다. 이 성벽 재건은 단순히 구조물을 세우는 것이 아니라, 언약 백성의 신앙과 정체성을 다시 세우는 중요한 과제였습니다.

묵상 노트

4일차

느헤미야 7-13장

오디오 바이블

말씀으로 세운 공동체, 다시 무너진 순종

성벽 재건 이후 느헤미야는 공동체의 내적 회복을 위해 노력합니다. 에스라가 율법을 낭독하자, 백성은 말씀 앞에서 감격하고 울며 죄를 자복합니다. 그들은 언약을 다시 세우고, 하나님의 규례들을 지키기로 다짐합니다. 또한 예루살렘에 거할 사람들과 성전 섬김 체계를 재정비합니다. 성벽 봉헌식에서는 온 백성이 찬양하며 하나님께 영광을 돌립니다. 그러나 느헤미야가 바사에 돌아갔다가 다시 예루살렘에 오니, 백성은 이미 율법을 어기고 있었습니다. 돌아온 느헤미야는 이방인과의 혼인, 안식일 위반, 성전의 더러움 등을 바로잡고 강력한 개혁을 단행하지만, 마지막 장면은 여전히 반복되는 불순종의 현실을 보여 줍니다.

묵상 노트

5일차

에스더 1-5장

오디오 바이블

위기 속에 예비된 자리

에스더서에 '하나님'이라는 단어는 나오지 않지만, 하나님께서 자기 백성을 어떻게 돌보시는지를 섬세하게 보여 주는 이야기입니다. 바사 왕 아하수에로가 왕비 와스디를 폐위하고, 이는 에스더가 왕비가 되는 길로 이어집니다. 모르드개는 왕을 암살하려는 음모를 알아내어 왕의 생명을 구합니다. 하만은 자신에게 절하지 않는 모르드개에게 분노해 유다 민족 전체를 멸하려는 음모를 꾸미고, 온 민족이 큰 위기를 맞습니다. 모르드개는 에스더에게 민족을 위해 나서 달라고 간청하고, 에스더는 목숨을 걸고 왕 앞에 나아갈 준비를 합니다. 모든 상황은 우연처럼 보이지만, 하나님의 섭리 아래 민족의 구원을 위해 모든 것이 완벽하게 진행되어 갔습니다.

묵상 노트

에스더 6-10장

오디오 바이블

반전의 날, 구원의 절기

에스더 6-10장은 절망 가운데 구원의 길이 열리는 놀라운 반전의 이야기입니다. 모르드개는 죽음의 문턱에서 오히려 높임을 받고, 하만은 자신이 세운 나무에 매달리는 비참한 최후를 맞습니다. 모르드개는 하만의 자리를 대신합니다. 왕은 유다인을 보호할 수 있는 새 조서를 내립니다. 유다인들은 자신들을 해치려는 대적들을 물리치고 모르드개는 이날을 부림절로 지키며 기념합니다. 모르드개는 아하수에로 왕 다음으로 실권이 있는 사람이 되고, 그의 민족을 위해 안위를 주는 지도자가 됩니다. 보이지 않게 일하시는 하나님의 섭리가 자기 백성을 구원과 승리의 삶으로 이끌어 가십니다.

묵상 노트

소그룹

나눔

이번 한 주간 성경을 통독하면서, 기억에 남는 말씀을 나누어 봅시다.

적용

1. 느헤미야는 성벽이 무너졌다는 소식을 듣고 깊이 애통하며 금식하며 기도했습니다. 오늘 내 마음을 무너뜨리는 현실은 무엇인가요? 그 앞에서 나는 회피하거나 무감각하지 않고, 느헤미야처럼 하나님께 애통하며 나아가고 있나요?

2. 하나님은 무너진 성전과 성벽을 다시 세우셨듯이, 그리스도 안에서 우리 각자를 은사에 맞게 부르시고, 회복의 도구로 사용하십니다. 오늘 교회와 공동체 안에서 무너진 영역을 세우는 일에 나는 어떻게 참여하고 있나요?

3. 에스라와 느헤미야 시대의 사람들은 불완전한 회복에 실망했지만, 하나님은 그 실망을 통해 더 완전한 회복을 바라보게 하셨습니다. 오늘 우리도 부분적인 변화나 회복에 낙심하기 쉽지만, 장차 예수님 안에서 반드시 완성될 것입니다. 나는 그날을 얼마나 기다리며, 소망 가운데 바라보고 있나요?

기도

서로의 기도 제목을 나누며 함께 기도합니다.

"또 이르시되
내가 너희와 함께 있을 때에 너희에게 말한 바
곧 모세의 율법과 선지자의 글과 시편에
나를 가리켜 기록된 모든 것이
이루어져야 하리라 한 말이 이것이라 하시고
이에 그들의 마음을 열어 성경을 깨닫게 하시고"

누가복음 24장 44-45절

WESTMINSTER
THEOLOGICAL SEMINARY
EST 1929

Korean Master of Arts in Theological Studies

한국어 신학연구 석사과정

소개

웨스트민스터 신학교의 한국어 신학연구 석사과정(KMATS)은
성경의 진리를 삶과 일터, 사역의 현장 등 삶의 모든 영역에 적용할 수 있도록
돕는 목회자, 선교사, 평신도 모두를 위한 프로그램입니다.

특징

1
세계적 명성의
웨스트민스터
교수진

2
원하는
시간과 장소에서
학습 가능

3
100% 온라인
전 세계 어디서나
강의 수강

4
아이비리그
대학에서 사용하는
플랫폼

교육과정

12
과목 이수

10
1학기 10주

4
1년 4학기

1.5
1.5 - 3년 소요

졸업 요건 : 12과목 이수 + 졸업 총괄평가

졸업 총괄평가는 졸업 시험, 소논문, 현장 적용 연구 중 하나를 선택하여 수행할 수 있습니다.

교수진

피터 릴백

이안 더귀드

번 포이트레스

데이비드 가너

윌리엄 에드가

브랜든 크로우

조나단 깁슨

싱클레어 퍼거슨

리처드 개핀

과목

필수 과목

구약성경과 그리스도 이안 더귀드, 조나단 깁슨, 번 포이트레스

신약성경과 그리스도 브랜든 크로우, 리처드 개핀, 번 포이트레스 (초청 강사: 데이비드 브리오네스)

성경 해석 원리 번 포이트레스

조직신학 개론 데이비드 가너

교회사 개론 피터 릴백

변증학 개론 윌리엄 에드가 (초청 강사: 다니엘 맥브라이드, 밥 크래머)

신론: 하나님을 아는 지식 싱클레어 퍼거슨

구원론: 그리스도와의 연합 싱클레어 퍼거슨

구약성경 적용 이안 더귀드

신약성경 적용 브랜든 크로우

선택 과목 (3과목 중 택2)

기독교와 문화 윌리엄 에드가 (초청 강사: 팀 켈러)

과학과 신앙 번 포이트레스

예배를 위한 성경신학 이안 더귀드

문의

www.wts.edu/kmats

kmats@wts.edu

+1 215-572-3852 (미국) 02-2289-9081 (한국)

카카오톡에서 "KMATS"을 검색하여 문의

프로그램 페이지

WESTMINSTER
THEOLOGICAL SEMINARY
EST. 1929

Korean Theological Studies Certificates

한국어 신학연구 수료과정

소개

한국어 신학연구 수료과정은 전체 학위 과정을 이수하지 않고
웨스트민스터 신학교 교육과정의 핵심이 되는 네 과목만을 선택하여
신학적 기초와 적용의 토대를 다질 수 있는 프로그램입니다.

대상

☐ 성경에 기반한 개혁신학을 공부하고 싶은 **교회 중직자** 또는 **평신도**
☐ 주일학교 사역자가 없는 교회에서 사역자에 준하는 역할을 감당하고 있는 **평신도 직분자**
☐ 성경과 신앙을 기초로 교육하는 기독교 학교 및 대안학교 **교사**
☐ 기독교 세계관을 일터에 적용하고자 하는 **전문직 종사자** 또는 **크리스천 사업가**
☐ 해외 선교지 현장에서 신학 훈련이 필요한 **평신도 선교사**
☐ 신학적 토대를 다지고 싶은 목회자 **사모**

교육과정

4	100	10	1
과목 이수	100% 온라인	1과목 10주	6개월 - 1년 소요

트랙 1 Foundations of Theology Certificate (FTC)

웨스트민스터 신학입문 수료과정

웨스트민스터 신학교의 교육 이념과 신학적 핵심을 배우는 개론 과목으로 구성되어 있는 프로그램입니다. 성경의 통일된 메시지를 이해하고 복음과 신앙, 일, 문화 등을 성경적 세계관으로 바라볼 수 있도록 합니다.

과목

1. 구약성경과 그리스도
2. 신약성경과 그리스도
3. 변증학 개론
4. 조직신학 개론

트랙 2 Christ-centered Biblical Interpretation (CBI)

그리스도 중심 성경해석 수료과정

성경의 중심 메시지가 예수 그리스도라는 확신 가운데 성경을 그리스도 중심으로 읽고 가르치며, 삶과 사역의 다양한 영역에 적용하고자 하는 분들을 위한 프로그램입니다. 이 과정을 통해 성경의 진리를 깊이 있게 연결하는 원리를 배우게 될 것입니다.

과목

1. 구약성경과 그리스도
2. 신약성경과 그리스도
3. 성경해석의 원리
4. 구약성경 적용 / 신약성경 적용 (2과목 중 택1)

학생 후기

"수업에 일 년 정도 참여한 사람으로서 가장 좋았던 점은 매 학기 교수님들의 강의가 모두 한 방향을 갖고 있다는 점입니다. 그 방향은 성경 안에서 그리스도를 바라봐야 한다는 것입니다. 개혁주의 신앙 체계 안에서 바른 신학을 가르쳐 주셔서 감사합니다." (조직신학개론 수강 학생)

프로그램 페이지

리딩지저스

1권
창세기-여호수아

2권
사사기-에스더

3권
욥기-아가

4권
이사야-말라기

5권
마태복음-로마서

6권
고린도전서-요한계시록

리딩지저스
성경통독
라이트

1권
창세기-여호수아

2권
사사기-에스더

3권
욥기-아가

4권
이사야-말라기

5권
마태복음-로마서

6권
고린도전서-요한계시록

memo